JN086501

これからの

防災

監修：近藤誠司（関西大学教授）

＼身につけよう！／
自助・共助・公助

❹ 大雪・猛暑

ポプラ社

もくじ

この本の使い方

大雪・猛暑の災害について学ぶ
（6〜11、30〜31ページ）

大雪、猛暑によって起こる被害、大雪、猛暑が起こるしくみ、大雪の被害を受けた地域について学びます。

実際に災害対策や行動を考えてみる（シミュレーション）
（12〜29、32〜37ページ）

大雪、猛暑の危険に、設問の場面で自分なら何に気をつけるか、どう行動するかを考えてみましょう。

テーマとなる災害対策のマーク

（くわしくは4〜5ページ）

問題

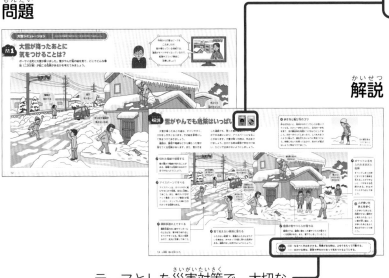

解説

テーマとした災害対策で、大切なポイントをまとめています。

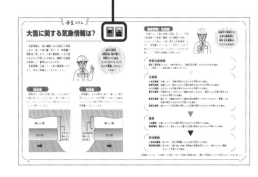

プラスワンコラム
さらに知っておきたい災害対策について、説明しています。

※この本にのっている情報は、2022年1月現在のものです。

登場人物しょうかい

マモル先生
小学校をまわって、自然災害や防災のことを教えてくれる先生。

タイヨウ・ミユキ
ボーサイ北小学校の4年生。

3

災害にそなえる 3つのチカラ

自然災害から自分たちの命や地域を守るために、
自分、地域、公的機関の3つの視点で、
災害にそなえましょう。

しっかり自然と向きあいながら災害対策を考えよう

日本の四季には、寒い冬と暑い夏があります。冬に降った雪は春にはとけて大地をうるおし、夏の太陽は植物を育て、秋の実りにつながります。また、冬にはスキーやスケート、夏には海水浴やプールが楽しめます。しかし、大雪*が降ったり猛暑*になったりすると、多くの被害が発生してしまいます。わたしたちの命とくらしを守るために、あらかじめ災害対策を考えておきましょう。

災害対策には、大きく分けて、自分で自分を守る「自助」、地域の人が協力して自分たちを守る「共助」、公的機関が住民を守る「公助」の3つがあります。まず、大切なのは自分の命です。しかし、となり近所や地域の人、公的な支援をしてくれる人、みんなで協力し合わなければ、災害を乗りこえることはできません。

一人ひとりが「こまったときはお互いさま」の気持ちで行動できれば、より多くの命を救い、被害を小さくとどめることができるでしょう。

3つの災害対策の協力と連けいが大切

「自助」「共助」「公助」は、災害対策を分担して、ただ"おまかせする"という考えではありません。協力・連けいすることで、より被害を小さくすることができると考えられています。

自助
～自分自身で自分を守る～

自分の命を自分で守ること。
また、災害にそなえて自分でできる
ことを考え、取り組むこと。

＊大雪：はげしく降る雪のこと。雪の量がとくに多い場合をさす。 ＊猛暑：ふだんよりはげしい暑さのこと。

共助
～地域で助け合って守る～

家族や学校、地域の人たち
（町内会、自治会など）と協力して、
災害対策をしたり、災害時に
助け合ったりすること。

災害時には、
「こまったときは
お互いさま」の気持ちで
助け合おう

公助
～市や県、国などによる支援～

市区町村や都道府県、警察、消防、
自衛隊などの公的機関が
災害対策を立てたり
支援したりすること。

日本で起こった大雪の災害

日本列島には、世界の中でも雪が多く降る地域があります。
冬の長い期間にわたる大雪の災害について調べてみましょう。

1963年 昭和38年1月豪雪

日本の豪雪地帯。
出典：国土交通省ウェブサイト
「雪崩防災」より作成（2021年
11月24日利用）

線路や道路がふさがり、
孤立してしまった山形県
西置賜郡小国町。

［写真：朝日新聞社／
Cynet Photo］

　1962（昭和37）年の年末から降りだした雪は、東北・北陸地方から九州にかけて1か月以上降りつづきました。「昭和38年1月豪雪*」は、「三八豪雪」ともよばれています。寒くて雪がとけず積もり続けたので、新潟県長岡市では、最深積雪深*が318cmにもなりました。自衛隊が火炎放射器で雪をとかそうとするほどでした。大雪の影響でなだれが起きて、下校中の小学生が巻きこまれた場所もありました。また、雪がとけてこう水が発生し、約7000棟の家が浸水しました。亡くなった人は、228人にもおよびました。

出典：気象庁ウェブサイト「昭和38年1月豪雪」（2021年11月24日利用）

2006年 平成18年豪雪

2006（平成18）年12月上旬から翌年の1月上旬にかけて、日本海側で大雪が降り、各地で12月の積雪深が過去最大を記録しました。屋根の雪下ろし中の事故や、雪の重みでつぶれた家の下じきになるなどして152人が亡くなり、2145人がけがをしました。また、道路や鉄道などの交通、電気が止まるなど、多くの被害が発生しました。

出典：「平成18年豪雪による被害状況等について（第9報）」（内閣府）

豪雪で道がふさがれて孤立した長野県栄村の秋山郷。

[写真：朝日新聞社／Cynet Photo]

2018年 平成30年豪雪

2018（平成30）年2月4日、北日本から西日本にかけての日本海側を中心に、雪が降り続き、記録的な大雪となりました。福井市では積雪深が140cmをこえ、2月6日には、国道8号で最大約1500台の車が立ち往生しました。自衛隊が災害派遣を行い、除雪作業や長時間立ち往生した車に食料を配給するなどしました。立ち往生は、9日になってようやく解消されました。

出典：「平成30年版 防災白書」（内閣府）

大雪で車が立ち往生する福井県の国道8号。

[写真：朝日新聞社／Cynet Photo]

大雪が降るとどうなるの？

大雪はわたしたちのくらしに、どのような影響をおよぼすのでしょうか。
大雪が引き起こす、おもな被害を見てみましょう。

 大雪の被害

 雪の重みによる被害

大量の雪が屋根に積もると、重みで建物がこわれることがあります。また、ビニールハウスがおしつぶされて農作物が収穫できなくなったり、商店街のアーケードが落ちてけがをしたりするなど、大きな被害が出る危険があります。

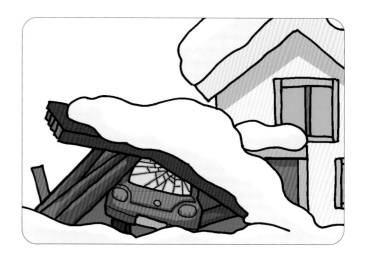

凍結による被害

道路に積もった雪がとけてこおったり（アイスバーン）、シャーベットのような状態になったりすると、表面がすべりやすくなります。すると、人が転んでけがをしたり、車がすべって（スリップして）ブレーキがきかなくなり、交通事故につながったりすることがあります。

吹雪による被害

雪が降るだけでなく、そこに強い風がふくと、雪が空中をまい、吹雪という現象が起こります。吹雪になると、視界が悪くなり、身動きがとれなくなることがあります。また、交通事故が発生することが多くなります。

なだれによる被害

大雪が降ったあとに、積もった大量の雪が原因で、なだれなどの二次災害*が起こります。なだれとは、斜面に大量の雪が積もると、だんだんと下へ落ちようとする力が強くなり、すべり落ちる現象です。

なだれが集落の近くで起こると、人や家が雪に巻きこまれ、大災害へと発展します。

※「なだれが起こるしくみ」は、11ページ。

交通や電気・ガスが止まる

道路や線路などが雪でうまると、バスや電車などの交通機関の運休、道路の通行止めなどが発生し、社会の動きが止まってしまいます。天候が悪いと、船や飛行機も欠航になります。また、電線が切れて電気が止まったり、雪の重みでプロパンガスの設備がこわれてガスが止まったり、水道管が凍結、はれつして、断水したりすることもあります。

除雪中の事故

大雪が降ることの多い地域では、雪の重みで家がこわれないように、屋根の雪下ろしをしたり、雪かきをしたりします。雪下ろし中に、屋根からの転落、屋根から落ちてきた雪にうまるなどの事故が起こることがあります。また、雪かきをしていて雪にうもれていた水路に落ちたり、除雪機に巻きこまれたりする事故も起こっています。

*二次災害：災害が起こった後、それがもとで起こる別の災害のこと。

大雪はどうして降るの?

日本では、冬になると毎年のように、大雪が降る地域があります。
では、なぜ大雪になるのでしょうか。そのしくみを見てみましょう。

 大雪が降るしくみ

①太陽が海や川の水をあたためる

②あたためられた水が水蒸気となって上空で集まり、雲ができる

海や川の水が太陽によってあたためられると、水蒸気となって上空で集まります。空気中のちりに水蒸気がくっついて、上空の冷たい空気に冷やされて、水や氷のつぶができます。それが集まって雲になります。

③雲に水や氷のつぶがたまると地上に落ちる。気温が低く、氷のつぶがとけないと雪になる

雲の中で、水や氷のつぶはぶつかり合って大きくなり、重たくなると、雨や雪となって落ちていきます。落ちる時に、氷のつぶがとければ雨になりますが、冬になって気温が下がってくると、とけずに雪となって地上に降ってくるのです。

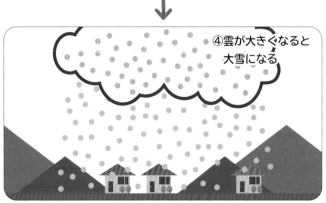

④雲が大きくなると大雪になる

雲が積乱雲＊に発達すると、雲の中で水や氷のつぶがたくさんつくられます。たくさんの氷のつぶが、一気に地上に降ってくると、大雪となります。

＊積乱雲：空高く盛りあがるように発達する雲。（くわしくは2巻10ページ）

日本に大雪が多いわけ

　日本の国土の大部分は温帯気候*ですが、冬になると大雪が降る地域が多くあります。では、なぜ日本に大雪が降るのでしょうか。その原因は、日本の地形が関係しています。

　日本海には、「対馬海流」という海水温の高い暖流が南から北へ流れています。あたたかい海水は、大量の水蒸気となって空に上り

ます（①）。冬になるとユーラシア大陸*から「季節風」という北西の冷たい風がふき、日本海上空の水蒸気を日本列島に運びます（②）。水蒸気は運ばれるとちゅうで冷たい風に冷やされて雲になり（③）、積乱雲に発達していきます（④）。日本列島は、中央部に山脈があります。積乱雲は、この山脈にぶつかってさらに上空に上がります。そして、積乱雲の中でつくられた大量の雪が地上に降り、山間部や山沿いの街に大雪をもたらすのです（⑤）。

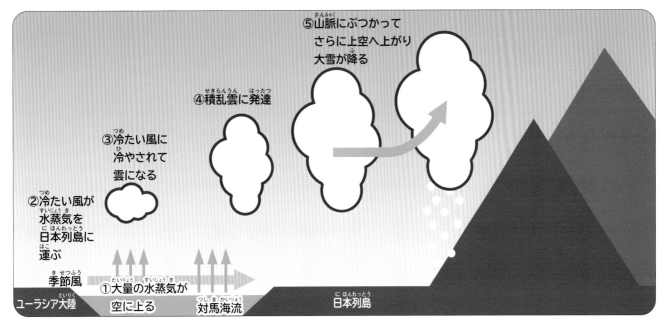

⑤山脈にぶつかって
さらに上空へ上がり
大雪が降る

④積乱雲に発達

③冷たい風に
冷やされて
雲になる

②冷たい風が
水蒸気を
日本列島に
運ぶ

季節風

①大量の水蒸気が
空に上る

対馬海流

ユーラシア大陸

日本列島

なだれが起こるしくみ

　斜面に積もった雪は、「落ちようとする力」「地面と接する力（まさつ力）」「雪どうしが結びつこうとする力」の3つがつり合って支えられています。

　しかし、大雪によって積もった雪の「落ちようとする力」が大きくなることがあります。また、人や動物が斜面を歩いたり、気温が上がったり、雨が降ることで雪がとけたりすると、「地面と接する力」「雪どうしが結びつこうとする力」が弱まることがあります。このように、3つの力のバランスがくずれることで、なだれが発生してしまうのです。

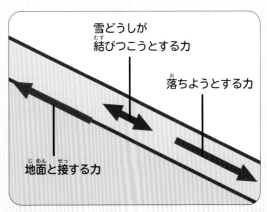

雪どうしが
結びつこうとする力

落ちようとする力

地面と接する力

3つの力のバランスがくずれ、なだれが起こる。

問1 大雪が降ったあとに気をつけることは?

ボーサイ北町に大雪が降りました。雪がやんだ街の絵を見て、どこでどんな事故（二次災害）が起こる危険があるかを考えてみましょう。

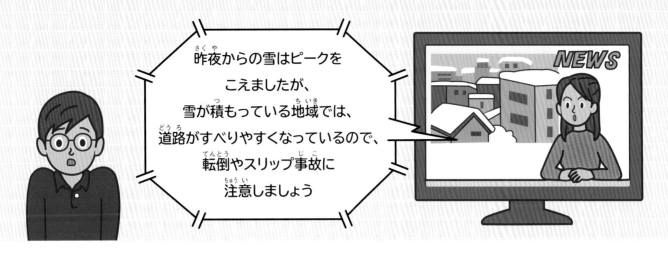

次のページの解説を見てみよう

解説 雪がやんでも危険はいっぱい

\自助/ \共助/

大雪が降ったあとの道は、すべりやすく、けがをしやすくなります。下の絵を参考にして気をつけて歩きましょう。

道路は、屋根や電線などから積もった雪が落ちてくる危険があります。また、雪かきをした道路でも、残った雪が昼間にとけ、気温が下がる夜にこおり、アイスバーンになることがあります。大雪が降った時は、外出をさけましょう。出かける時は家族で声をかけあい、ひとりで出歩かないようにしましょう。

✔ 切れた電線で感電する

雪の重みで電線が切れることがある。感電する危険があるので近づかないようにしよう。

✔ アイスバーンですべる

アイスバーンは、すべりやすく転びやすいので危険。足元に注意して歩こう。また、車のタイヤがすべって事故（スリップ事故）が起こったり、スリップした車にひかれたりする危険もある。

✔ 横断歩道の上ですべる

横断歩道の白い線やマンホールの上などは、雪や雨でぬれるとすべりやすくなる。転ぶと危険なので、足元に注意して歩こう。

切れた電線に近づかないようにしよう

スリップしそう！ゆっくり走ろう

側溝のふた！水路に落ちないようにしなきゃ

走らないで！すべってころぶよ

✔ 雪で見えない側溝に落ちる

ふたのない側溝＊や、側溝のふたがはずれている場合は、あやまって水路に落ちる危険がある。道路のはしは歩かないようにしよう。

＊側溝：雨水を流すみぞ。

✎ 歩き方と転び方のコツ

歩はばが広いと、身体がゆれてバランスが取りづらくなる。小さく一歩をふみだし、足元の一歩先を見て、足の裏全体を地面につけるようにして歩こう。万が一すべってしまったら、しりもちをつくように転んで、頭を打たないように気をつけよう。時間にゆとりを持って出かけ、あせらず転ばないように気をつけて歩こう。

足の裏全体をつけて歩くとすべりにくい。

雪を落とすからあぶないよ

寒いけどポケットから手を出すか

✎ ポケットに手を入れたままだと危険

すべってしまった時にすぐに手で身体を支えることができないと、けがをする危険がある。手はポケットから出して歩こう。

✎ 人が歩いたあとを歩く

人が歩いたあとは、危険が少ない場所だと考えられる。とくに雪が深い道は、人が歩いたあとをよく見ながらゆっくり歩こう。

✎ 屋根の雪やつららが落ちる

屋根の下は、屋根に積もった雪やつららが落ちてくる危険がある。また、雪下ろしをしていることもあるので、屋根の下は歩かないようにしよう。

まとめ
自助：なるべく外出をさける。用事がある時は、よゆうをもって行動する。
共助：出かける時は、家族で声をかけあって気をつけるようにする。

15

大雪に関する気象情報は？

　気象情報は、国の機関である気象庁が発表します。降った雪の量（深さ）は、降雪量や積雪深で表します。大雪や暴風雪による災害のおそれが予想される場合は、警報や注意報を発表して、警戒をよびかけます。

　気象情報に注意して、大雪や暴風雪にそなえて、早めに準備をしておきましょう。

食料や燃料、除雪用具、懐中電灯、携帯ラジオ、電池、カイロ、カセットコンロなどを準備しておくといいね

積雪深

　積雪深は、自然の状態で積もったその時点での雪の深さのことです。新しく降った雪だけでなく、今ここにどのくらいの雪があるのかということを表しています。

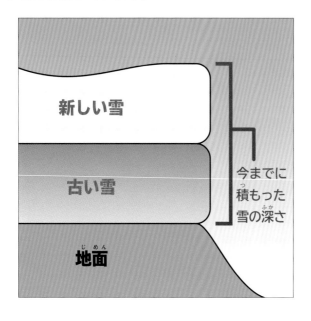

降雪量

　降雪量は、ある時間内に新しく積もった雪の深さのことです。天気予報で「今夜から明朝までに〇〇 cm の雪が予想されます」というのは、降雪量をしめしています。

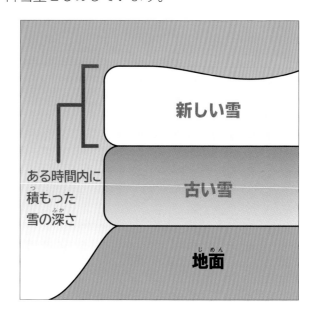

気象警報・注意報

気象庁は、災害の被害の段階に応じて、早期注意情報→注意報→警報→特別警報を発表しています。下の表は、大雪に関する気象情報です。また、降雪量がかなり多い*と予想される時、注意をよびかけるために、6日先から14日先を対象として、「早期天候情報」を発表します。

気象庁が発表する大雪や暴風雪に関する注意報はたくさんあるね

※早期天候情報は、原則として毎週月・木曜日に出される。

早期注意情報

暴風*（暴風雪）になる、大雪が降るなど、気象状況が悪くなるおそれがある場合。

注意報

大雪注意報：大雪により、災害が発生するおそれが予想される場合。
風雪注意報：雪をともなう強風によって、災害が発生するおそれが予想される場合。
なだれ注意報：なだれによる災害が発生するおそれが予想される場合。
着氷注意報：水蒸気や水しぶきがついて電線や船がこおるなど、着氷による災害が発生するおそれが予想される場合。
着雪注意報：雪がついて電線が切れたり電気を送る鉄塔がこわれたりするなど、着雪による災害が発生するおそれが予想される場合。
融雪注意報：雪がとけて土砂災害や浸水による災害が発生するおそれが予想される場合。

警報

大雪警報：大雪により大きな災害が発生するおそれが予想される場合。
暴風雪警報：雪をともなう暴風によって、重大な災害が発生するおそれが予想される場合。

特別警報

大雪特別警報：数十年に一度の降雪量となる大雪が予想される場合。
暴風雪特別警報：数十年に一度の強い台風と同程度の温帯低気圧により、雪をともなう暴風がふくと予想される場合。

*降雪量がかなり多い：その時期にその地域で10年に1回程度の降雪量。 *暴風：平均風速が、おおむね秒速20mをこえる強い風のこと。

問2 雪がたくさん積もったら、街ではどんなことがこまる?

大雪のために道路が使えなくなることがあります。
下の絵の街で、大雪が降ったらどんな問題が起こると思いますか?

次のページの解説を見てみよう

19

解説 物流や人の流れが止まる

自助　共助　公助

大雪が降ると、雪が積もったり、雪の重みで木や電柱がたおれたりして、道路や線路が通れなくなることがあります。すると、車や列車が使えずに、物を運んだり、人が移動したりすることができなくなってしまいます。

物の原料や材料を工場に運んだり、工場でつくった品物を店まで運んだりすることを「物流」といいます。物流が止まると、わたしたちのくらしに、どのような影響をおよぼすのか、下の絵を見てみましょう。

✏ 大雪にそなえよう

大雪が降って物流が止まると、必要な物を買うことができなくなる。停電したらファンヒーターや電気ストーブなども使えなくなる。大雪の予報が出たら、食料やガソリン、灯油、防寒具などを用意しておこう。懐中電灯やカセットコンロなどもそろえておくと安心だ。近所にひとりぐらしのお年寄りなどがいたら、家の人といっしょに準備を手伝ってあげよう。

出かけないほうがいいよ

今日のごはんどうする？

✏ 通学や通勤ができなくなる

雪が深く積もって歩けなくなったり、車やバスが使えなくなったりすると、通学や通勤ができなくなる。大雪で通学が危険な場合、学校が休みになることがある。また、病院などにも行くことができない。

✏ 店が品不足になる

スーパーやコンビニなどの商品を運ぶトラックが来ないので、店は品不足になり、臨時休業する店も出てくる。すると、食料や生活に必要な物を買うことができなくなる。

道路から雪を取りのぞく車

市区町村は、除雪車を使って、道路から雪を取りのぞく作業をする。車体の前に、雪をかきわける「スノープラウ」のついたトラックや、雪をかきこみ投雪口からふきだして、雪を遠くにとばす「ロータリ除雪装置」がついている車もある。また、凍結防止剤散布車は、凍結防止剤をまいて、道路上の雪や氷を凍結しにくくする。

スノープラウつき
凍結防止剤散布車

ロータリ除雪車

[写真：NICHIJO]

木がたおれていると除雪車が通れないぞ

車を動かせないと荷物を届けられないよ

ガソリンなどの燃料が不足する

道路が使えないと、タンクローリーがガソリンや灯油などを運んでくることができないので、燃料が不足してしまう。ガソリンがないと店に物を運ぶトラックを動かせないし、灯油がないと石油ストーブが使えなくなってしまう。

宅配便の配送がおくれる

宅配便の車が使えないと、荷物が届かなくなってしまう。ほかの地域の親せきから、食品などを送ってもらうこともできなくなる。

まとめ
自助：大雪の予報が出たら、生活に必要なものを準備しておこう。
共助：近所にひとりぐらしのお年寄りなどがいたら準備を手伝ってあげよう。

災害時の企業のさまざまな支援

共助

大きな災害が起こると、多くの企業が被災地を支援する活動をします。公的な支援だけだと、必要なものが必要な人に行き届かないのが現実です。企業やNPO*・NGO*などが協力し、品物やサービス、寄付金などで、被災地を支援してくれています。

多くの企業は国や市区町村などと連絡を取りながら支援をしてくれているよ

指定公共機関

災害時には、あらかじめ支援活動に協力することを国と取り決めている組織や団体があり、「指定公共機関」とよばれています。その中には、大型のスーパーや宅配業者などもあり、通行を規制されている道路でも、トラックを走らせることができるので、支援物資をいち早く被災地へ向かわせることができます。

鉄道会社の支援

鉄道会社は、大雪注意報や警報が出ると、列車の本数をへらして運行したり、線路の雪かきをしたりして対応します。しかし、大雪で列車が立ち往生してしまうことがあります。そんな時は、帰ることができない乗客に、毛布や食料などを配ったり、車両の暖房をつけたままにしたりして、宿泊できるように支援します。

* NPO：営利を目的とせず社会的活動を行う民間の団体のこと（非営利組織）。Non-Profit Organization の略。
* NGO：政府や国際機関に属さずに、さまざまな問題の解決に取り組んでいる民間の団体のこと（非政府組織）。Non-Governmental Organization の略。

コンビニおにぎりの差し入れ

2010(平成22)年の年末から翌年の正月にかけて、山陰地方に大雪が降りました。鳥取県の国道でタンクローリーがスリップし、多くの車が長時間動けなくなりました。国道沿いには、コンビニの集配センターがありましたが、コンビニにおにぎりを運ぶトラックが出せなくなってしまいました。そこで、集配センターの人たちは、立ち往生していた約200台の車に、約700個のおにぎりを配り、食べてもらうことにしました。寒さと空腹で苦しんでいた人たちは、この心づかいに大変助けられました。

緊急災害対応アライアンス

災害が起こった時、民間の企業とNPO・NGOなどの市民団体が協力して支援活動をする、緊急災害対応アライアンス「SEMA」というネットワークがあります。"アライアンス"とは、組織や団体どうしの協力という意味です。参加しているほとんどの企業が指定公共機関ではありませんが、緊急時に企業が持っている品物やサービスなどで支援を行うために設立されました。

例えば、飲料メーカーは水やお茶などの飲み物、食料品メーカーは弁当、衣料品メーカーは肌着やくつ下、おしぼりのレンタル業者は身体をふくタオルなどを提供してくれます。それらを運送業者がトラックで被災地に届けます。集められた支援物資は、NPO・NGOなどが中心となって、必要な人に必要なぶんだけ送り、効率的な支援活動を行います。

支援の流れ

国や市区町村などと連絡を取りながら活動する

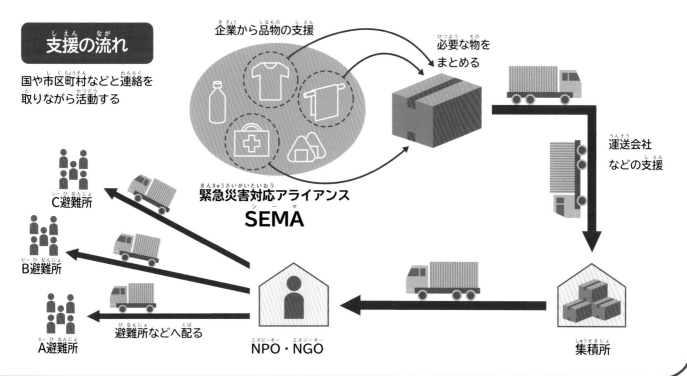

企業から品物の支援

必要な物をまとめる

運送会社などの支援

緊急災害対応アライアンス
SEMA

避難所などへ配る

NPO・NGO

集積所

C避難所

B避難所

A避難所

問3 雪かきや雪下ろしをする時に気をつけることは?

ボーサイ北町で、雪かきや雪下ろしをしています。下の絵の中の人は、それぞれどんなことに気をつけたらよいでしょうか?

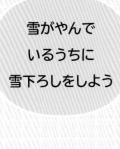

雪がやんで
いるうちに
雪下ろしをしよう

ぼくも雪かきを
手伝うよ！

すごく
つかれたな

除雪機の
調子が悪いの？

→ 次のページの解説を見てみよう

雪かきや雪下ろしは協力して

 自助
 共助

　下の絵で、雪かきや雪下ろしをする時に、どんなことに気をつけたらいいかを見てみましょう。雪はとけてこおると、すべりやすくなります。下の絵を参考に、十分気をつけて大人といっしょに作業をしましょう。

　雪の多い地域は、人口がへって、お年寄りが多い地域が少なくありません。雪は積もると重たくなるので、お年寄りしかいない家の雪かきや屋根の雪下ろしは、声をかけあい、近所の人たちと協力して行うとよいでしょう。

❗ 屋根の上では安全帯、ヘルメットを

屋根の上は、すべって落ちる危険がある。雪下ろしをする時は、安全帯（命綱つきのベルト）をしっかりと身につけ、ヘルメットをかぶる。

ヘルメット
命綱
安全帯

はしごを固定してから上ろう

動きづらいから作業しやすい服装に着がえようかな

❗ 雪かきは動きやすい服装で

厚着をしていると、転びそうになった時に身体を支えにくいので危険だ。また、除雪作業はあせをかくほどに重労働なので、動きやすい服装で作業をしよう。

❗ はしごは固定する

はしごが不安定だと、落ちてしまう危険がある。はしごは、地面と建物にしっかり固定しておこう。

✏ 雪下ろしは必ず二人以上で

屋根の雪下ろしは、気をつけていてもすべって屋根から落ちたり、下に積もった雪にうまったりする大変危険な作業なので、二人以上で行うようにしよう。二人以上なら、お互いに相手を見守りながら作業を進めることができる。また、携帯電話を身につけておくと、万が一の時に助けをよぶことができる。

つかれたから
少し休もう

あぶないから
エンジンを切るまで
さわらないで

✏ 屋根から落ちる雪に注意

屋根にたくさん雪が積もっていたり、あたたかくなって屋根の雪がとけはじめたりすると、屋根からいきなり落ちてくることがある。雪の重みで大けがをする危険があるので十分注意しよう。

✏ 動いている除雪機にさわらない

エンジンをかけたままだと、除雪機に巻きこまれる危険がある。除雪機の雪づまりなどは、エンジンを切ってから直そう。

✏ つかれている時に無理をしない

つかれている時に、無理に除雪作業をすると、具合が悪くなることがあるので気をつけよう。

まとめ
自助：雪はすべりやすいので、雪かきや雪下ろしは十分安全に注意して行う。
共助：家の雪かきや雪下ろしは、近所の人たちなどと協力して行おう。

災害支援ボランティアの役割

共助 公助

地震や台風、火山噴火、大雪などの災害が起こると、復旧・復興するために、さまざまな作業が必要になります。それらは、公的な支援だけでなく、多くのボランティアに支えられています。

ボランティアは、被災した人たちへの食事のしたくをしたり、食事や毛布を配ったり、こわれた家の片づけを手伝ったりします。被災した人に元気になってもらうために話し相手になったり、子どもの遊び相手になったり、ペットの世話をしたりする人もいます。

より早く必要なところに支援が行き届くように、支援を希望する人とボランティアをつなぐ、さまざまな組織もあります。

災害ボランティアセンター

全国の市区町村の社会福祉協議会の中には、「ボランティアセンター」があり、助けが必要な人にボランティアをしょうかいしています。災害が起こると、「災害ボランティアセンター」が開かれ、ボランティアに参加したい人を募集します。そして、被災した人の希望を聞いて、必要なボランティアを送ります。

> ボランティアは、それぞれができるはんいでの手助けをする。ひとりの力はわずかでも大勢が参加すれば大きな力になるんだよ

2019(令和元)年の台風19号の時の神奈川県川崎市の災害ボランティアセンターのようす。ボランティアを受けつけ、送る先を決めているところ。

[写真：川崎市社会福祉協議会]

大雨で側溝に流れてきたどろを取りのぞくボランティア。

[写真：川崎市社会福祉協議会]

除雪ボランティア

大雪が降る地域では、道府県や市町村、地域の社会福祉協議会、その他民間の団体などが中心となり、除雪ボランティアを募集しています。高齢者だけの家など、自分で屋根の雪下ろしや家のまわりの雪かきができない人の手助けをします。

ボランティアの安全のために、雪かきや雪下ろしの技術を教える講習会を開いているところもあります。

※新潟県の除雪ボランティア「スコップ」の活動は44ページ。

雪かきの手伝いをするボランティア。

[写真：除雪ボランティア「スコップ」]

SNSを使った助け合い

災害支援ボランティアは、公的な組織が募集するものだけではありません。Twitterなどの交流サイト（SNS）や無料通話アプリ「LINE」でよびかけ、ボランティアが集まった例もあります。

2014（平成26）年の広島の大雨による土砂災害では、被害が大きかった広島市や呉市などで、家や道路にたまったどろをかき出すボランティアの高校生の姿が多く見られました。SNSやLINEでさそい合い、友人どうしだけでなく、学校はばらばらで、初対面どうしのグループで参加した人たちもいました。

LINEを通じて集まり、ボランティアに参加した高校生。

[写真：朝日新聞社／Cynet Photo]

猛暑の被害と原因

日本では最高気温が35℃以上の日を猛暑日といいます。猛暑は、どのような影響をおよぼすのでしょうか。また、その原因について調べてみましょう。

猛暑の被害

熱中症対策のために、かさを差して登校する愛知県豊田市の童子山小学校の児童。

[写真：朝日新聞社／Cynet Photo]

（ 熱中症になる ）

気温が高くなると、体温調節の機能がうまく働かなくなってきます。そして、身体に熱がこもってしまうと熱中症を引き起こす危険があります。また、気温が高いだけでなく、湿度が高い場合や、風がない場合、日差しが強い場合などでも、熱中症を起こしやすくなります。

（ 農作物がかれる ）

猛暑が長く続くと、強い日差しと水不足で多くの農作物がかれて収穫できなくなってしまいます。とくに、稲やキャベツ、レタス、ほうれん草などの葉物野菜は、大きな影響を受けます。また、家畜の食べる牧草などにも大きな被害が出ます。

水不足でひびが入った岡山県美咲町の田んぼ。

[写真：朝日新聞社／Cynet Photo]

猛暑が起こる原因

風がないと熱がたまる

　猛暑が起こる原因のひとつに、風がなくて熱がたまってしまうことが考えられます。

　太陽の熱は地面をあたため、その近くの空気をあたためます。風がふくと空気がかきまぜられてすずしくなりますが、風がないと熱がたまり、どんどん暑くなります。海からの風がこない盆地は、熱がたまりやすい地形です。

 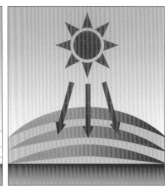

風がふくと、空気が動くので熱がたまらない。

風がふかないと、あたためられた空気が地面にたまる。

ヒートアイランド現象

　ヒートアイランド現象とは、都市部で気温が高くなることをいいます。ビルや道路のコンクリートやアスファルトは、熱をためこみやすい素材です。また、自動車やエアコンの室外機などからも熱が放出され、気温は上がっていきます。木や土が多い土地は、水分を蒸発させてまわりを冷やすので、気温が上がるのをふせぐことができるのです。

コンクリートやアスファルトは、熱をたくわえて、まわりの空気をあたためる。

木や土は水分を蒸発させて、まわりの空気を冷やす。

フェーン現象って？

　しめった空気が山をこえ、反対側の斜面を下ると高温のかわいた風になります。この風を「フェーン」といい、「フェーン」がまわりの気温を高くすることを「フェーン現象」といいます。日本海に強い低気圧や台風がある時は、太平洋側から山をこえて空気が流れてくるので、日本海側の地域にフェーン現象が起こりやすくなります。

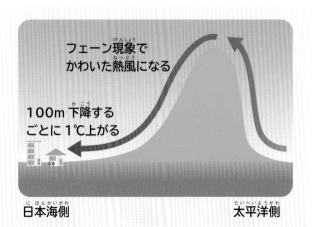

フェーン現象でかわいた熱風になる

100m 下降するごとに 1℃上がる

日本海側　　　　　　　　太平洋側

問4 熱中症にならないようにするには、何に注意したらよい?

下の絵は、ボーサイ北町の午後のようすです。気温は35℃以上あります。
この中で、熱中症に注意したほうがよい人はいますか?

次のページの解説を見てみよう

熱中症を予防しよう

自助（じじょ）

共助（きょうじょ）

熱中症にかかると、体温が上がったり、めまい、けいれん、頭痛などが起こったり、さまざまな症状を引き起こします。ひどくなると、命に関わることもあります。また、気温が高くなくても、湿度が高い日に運動をすると熱中症にかかる危険があります。

下の絵を参考にして、気温や湿度が高い日に、熱中症にかからないよう十分気をつけましょう。また、家族や友だちによびかけて、みんなで熱中症を予防しましょう。

運動をすると体温が上がる

運動をすると、体温が上がるので、熱中症にかかる危険がある。こまめに水分や塩分をとり、すずしいところで休けいを取るようにしよう。
また、マスクをして運動すると、さらに体温が上がりやすくなるので危険だ。気温の高い日に、マスクをして運動するのはやめよう。

体温が上がると顔が赤くほてる

熱中症になると体温が上がり、顔のひふの血流が増えるので顔が赤くなる。めまいがしたり、意識が遠のいたりする場合には、すでに熱中症になっている可能性がある。

お年寄りに気を配ろう

お年寄りは体温調節の機能が弱く、気づかないうちに熱中症になってしまう危険がある。ときおり、声をかけてあげよう。

飲み物を持ち歩こう

出かける時は、水とうやペットボトルの飲み物を持ち歩き、こまめに水分をとるようにしよう。

✏ 生活リズムを整えて丈夫な身体に

睡眠が不足していたり、体調が悪かったり、栄養が足りなかったりすると、熱中症になる危険がある。バランスのよい食事と十分な睡眠をとり、適度な運動をして規則正しい生活をすることで、熱中症にかかりにくい丈夫な身体をつくろう。また、大量のあせをかくと、身体の塩分が足りなくなる。毎日の食事を通して適当な塩分をとるようにしよう。

バランスのよい食事

十分な睡眠

適度な運動

公園の木かげで休もう

✏ 室内をすずしくしておこう

室内であっても熱中症になることがある。扇風機やエアコンで部屋をすずしくしておこう。また、植物を建物のそばで育て、カーテンのようにすることで部屋の温度を下げる方法もある。

✏ 直射日光による熱で体温が上がる

気温の高い日に、長時間直射日光に当たると、熱中症にかかる危険がある。すずしい服装をして、ぼうしをかぶったり、日がさを差したりして、直射日光をさけよう。

✏ 幼児や赤ちゃん、ペットに気を配ろう

道路の照り返しによって、背の低い幼児や赤ちゃん、散歩中のペットのほうが早く熱をおびる。直射日光をさけるなど、より注意が必要だ。

まとめ
自助：丈夫な身体をつくり、熱中症にかからないよう予防しよう。
共助：家族や友だちによびかけて、みんなで熱中症の予防をしよう。

＋1 コラム

熱中症の注意と応急処置

自助　共助

　梅雨の晴れ間に突然気温が上がる日や、湿度が高くなって蒸し暑い日が現れる6月ごろから、熱中症の患者が多くなりはじめます。そして、7月～8月の最高気温が高くなった時期に、患者数は増加しています。

　熱中症の患者は、年齢でみると、65歳以上の高齢者が多くをしめています。しかし、小学生でも熱中症になる場合があるので、油断できません。

熱中症が発生する場所は、小学生では学校や児童施設、公園や運動場などが多いんだ

熱中症の注意情報

　熱中症の危険性が非常に高くなると予想された時には、「熱中症警戒アラート」が環境省と気象庁から発表されます。熱中症への注意をよびかけ、予防を心がけてもらうためです。2021（令和3）年から全国を対象に始められました。

　夕方から翌日の朝までの最低気温が25℃以上になる夜を「熱帯夜」といいます。「今夜は、熱帯夜が予想されます」というニュースが流れたら、寝る前に水分をとったり冷房をつけたりして熱中症を予防しましょう。

　そのほか、その日の暑さに関する情報には、猛暑日、真夏日、夏日があります。天気予報やニュースをこまめに確認して、熱中症に気をつけましょう。

猛暑日：最高気温が35℃以上になる日
真夏日：最高気温が30℃以上になる日
夏　日：最高気温が25℃以上になる日

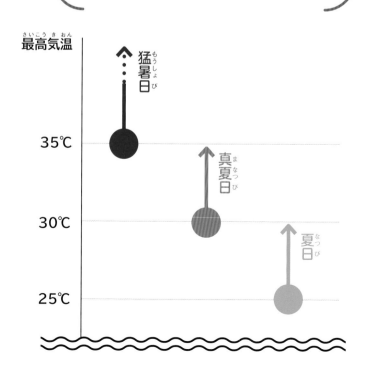

打ち水大作戦！

日本には、昔から道や庭先などに水をまいて、気温を下げる「打ち水」をする習慣があります。アスファルトやコンクリートの道に水をまくと、水が蒸発する時にまわりから熱をうばい、道の表面温度を下げます。近年、ヒートアイランド現象（31ページ）が問題となり、打ち水が見直されています。朝や夕方など、少し気温が下がった時に行うとより効果的です。

打ち水に参加する人たち。[写真:朝日新聞社／Cynet Photo]

熱中症の症状が出たら…

もし、自分の近くにいる人に熱中症の症状が出ていると感じたら、落ちついて対応しましょう。

重症度1
その場で対応できる

症状
・手足がしびれる
・めまい、立ちくらみがする
・筋肉の痛み
・気分が悪い
・ぼーっとする

対応
・すずしい場所（風通しのよい日かげや、クーラーのきいた部屋）へ移動する。足を高くするとよい。

・水分や塩分（塩あめなど）をとる
・自分で水分がとれない状況なら病院へ
・ひとりにしないで、だれかが見守る

重症度2
病院へいく必要がある

症状
・頭がガンガン痛い
・はきけがする。はく
・身体がだるい
・軽い意識障害

対応（重症度1の対応に加えて）

・わきの下や首すじ、足の付け根などを氷のうやぬらしたタオルで冷やす

重症度3
入院の必要がある

症状
・意識がない
・身体がけいれんする
・よびかけても返事がない
・まっすぐに歩けない・走れない
・身体が非常にあつい

対応
・救急車をよぶ
・救急車が来るまで、重症度1、2の対応をする

インクルーシブ防災って？

＼自助／ ＼共助／ ＼公助／

「インクルーシブ*防災」という言葉を聞いたことがありますか？ インクルーシブ防災は、「だれひとり取り残さない防災」という意味で、高齢者や障がい者、病気にかかっている人など、弱い立場にある人たちを見過ごすことがないように、あらゆる人の命を守りぬこうとする防災の考え方です。

インクルーシブ防災という考え方の広がり

2015（平成27）年、東日本大震災で大きな被害を受けた宮城県仙台市で、「第3回国連防災世界会議」が開催されました。この国際会議は、世界中で起こる災害の被害を減らすために、防災の方針をつくり、定める会議です。この会議の中で、「障がい者と防災」というテーマが話し合われたことがきっかけとなり、「インクルーシブ防災」という考え方が大きく広がっていきました。

第3回国連防災世界会議のようす。[写真：朝日新聞社]

インクルーシブ防災を実現させるために必要なこと

インクルーシブ防災を実現するためには、自分の地域に、高齢者や障がい者など支援が必要な人たちがともにくらしていることを知る必要があります。そして、地域で交流しながら、災害時にどのような支援が必要なのかを話し合い、理解していくことが大切です。支援が必要な人たちが、緊急時の避難計画作りや避難訓練に参加することで、これまでに気がつかなかった課題を改善することができます。

みんなですすめるインクルーシブ防災の例

1 支援が必要な人たちがどこに、何人いるか（名ぼの作成）

2 支援が必要な人たちは、どのような方法で避難するのか（避難計画の作成）

3 支援が必要な人たちが参加する、避難訓練を行う

　＊インクルーシブ：「つつみこむ」という意味。みんないっしょに、仲間はずれにしないということ。

大分県別府市の取り組み 「別府モデル」に注目！

　日本は「災害大国」とよばれるほど、多くの災害を経験してきた国です。2011（平成23）年の東日本大震災では多くの人が亡くなりましたが、その6割以上が60歳以上の高齢者でした。また、自力で避難することのできない障がいのある人たちにも多くのぎせい者が出ています。

　こうした人たちをだれひとり取り残さない、インクルーシブ防災に実際に取り組んでいる地域があります。大分県別府市の取り組みをしょうかいしましょう。

　別府市が、まず最初に取り組んだのは、支援が必要な人の確認でした。確認が終わると、それぞれの障がいに合わせた「個別支援計画」を作成しました。この「個別支援計画」の作成には、支援が必要な人、その本人が参加しています。

　そして、「個別支援計画」をもとに、避難訓練を実施し、訓練を通して問題点を洗い出して改善するということをくり返し行っています。

　高齢者や障がい者など、支援を必要とする人の避難は、地域ぐるみの支援がなければ成り立ちません。

　訓練を通して、高齢者や障がい者とのコミュニケーションを深め、それを積み重ねて地域で助け合う力を養う「別府モデル」。今、この取り組みが全国の注目を集めています。

支援が必要な本人も参加して、避難の個別支援計画を立てる。　［写真：別府市］

避難訓練のようす。　［写真：別府市］

高台への避難は、支援が必要な人をリヤカーに乗せて、数人で引いて上る。
［写真：別府市］

災害時に役立つ情報を集めよう

自助　共助　公助

　災害が起こった時、または予想される時には、気象庁が発表する気象情報や、都道府県や市区町村が発表する避難情報をこまめに確認し、災害情報をいち早く知ることが大切です。災害時にあわてないように、情報の集め方にはどんな方法があるのかを知っておきましょう。

（　防災行政無線　）

　市区町村は、災害時に「避難指示」などの重要な情報をいち早く知らせるために、無線を使います。屋外スピーカーや家の受信機などで聞くことができます。被害が大きく、テレビやインターネットなどが使えない時には、防災行政無線の情報に注意しましょう。

（　防災メール　）

　あらかじめ、都道府県や市区町村の防災メールに登録をしておくと、災害情報を携帯電話やスマートフォンで受け取ることができます。また、携帯電話会社のサービス「緊急速報メール」に登録しておくと、気象庁が配信する緊急地震速報や警報・注意報、市区町村などが配信する避難情報を受け取ることができます。

（　ラジオ　）

　ラジオは電波が届く場所ならどこでも聞くことができます。携帯ラジオを電池といっしょに、非常持ち出しぶくろに入れておくとよいでしょう。地域の情報を伝えるコミュニティ放送は、避難所や給水所などの情報を入手するのに役立ちます。

災害時に入手しておきたい情報

● 各地の被害の状況
● 避難所の情報
● 交通手段・電気・水道・ガスなどの状況
● 気象庁が発表する警報や注意報などの気象情報
● 復旧作業など、今後の見通し

大事な情報を聞きのがしている人がいるかもしれない。メモを取るなどして、情報を整理してから伝えてあげよう

(テレビ)

ニュース番組だけでなく、地域の気象情報・防災情報は、データ放送で見ることができます。地震や津波、噴火などが起こった際には、震度や波の高さ、警報や注意報などの情報をいち早く伝えます。また、被害の状況や避難所の情報、おもな交通機関の情報なども見ることができます。

データ放送はリモコンのdボタンをおす

(インターネット)

インターネットを利用して、気象庁や市区町村などのウェブサイトや防災アプリ、SNSなどで最新の情報を入手することができます。しかし、災害で混乱している時には、不確かな情報がたくさん出回ります。情報を発信している人がだれなのか、どこまで確認されたことなのかなどを、必ず確かめるようにしましょう。

デマじゃない？確かめよう

地震で動物園からライオンがにげたって？

(地域の人たち)

自治会や町内会、地域の自主防災組織*や消防団*から、被害の出ている場所や避難所、給水所などの情報を入手できることもあります。
家族や近所の人と情報を交換し合い、助け合って災害を乗りこえましょう。

防災学習チェックシートをつけよう

＼自助／　＼共助／

災害にそなえて、どのくらい準備ができていますか。チェックシートをつけて、確認してみましょう。できていなかったところは、早めに準備しておきましょう。

この本の最後に防災学習チェックシートがのっているよ。コピーして使おう

当てはまるものの□に✔をつけましょう。
決めたことを ⬭ に書いておきましょう。
ボーサイ北小学校タイヨウの例。

家族との連絡方法

✔	家族が集合する場所や時刻を決めている	場所　ボーサイ北小学校の門の前 時刻　午前の災害なら　昼 12時 　　　午後の災害なら　夕方 5時
✔	家に伝言を残す時、どこにメモをはるか決めている	場所 　　げんかんのドアの裏
✔	災害用伝言サービス* に登録する電話番号を家族に知らせている	電話番号 　090 - ××××-××××
✔	連絡がつかない時に伝言をたのむ親せきや知り合いを決めている	相手 　　新潟のおばあちゃん 電話番号 　025 - ××××-××××

ほかに家族で決めたことを書きましょう
新潟のおばあちゃんに連絡がつかない時は大阪のおじさんに連絡する。

＊災害用伝言サービス：災害用伝言ダイヤル（171）や災害用伝言板（web171）がある。（くわしくは1巻37ページ）

災害時のそなえ

当てはまるものの□に✔をつけましょう。
ボーサイ北小学校タイヨウの例。

☑ 決められた避難場所や避難所の位置を確認した

☑ 避難する道すじを実際に歩いた

☑ 避難する場所までの道すじをいくつか考えた

☑ 災害用伝言サービスの使い方をおぼえた

☑ 非常持ち出しぶくろを準備した

★中に入れたものにチェックをつけましょう

☑ 懐中電灯　　☑ 携帯ラジオ　　☑ 電池・充電器　　☑ 救急セット

☑ ハザードマップ　☑ 飲み物、水　　☑ 非常食　　☑ 雨具

☑ タオル・ハンカチ　☑ ティッシュペーパー　☑ 洗面道具　☑ 笛

☑ マスク　　☑ カイロ　　☑ 緊急連絡シート*　☑ 貴重品

ほかに持っていくものなどを書きましょう

携帯電話、トランプ、電車の本、エマージェンシー・ブランケット*。
ヘルメットはベッドの近くにおいておく。

*緊急連絡シート：自分の氏名や住所、電話番号、家族構成、緊急連絡先などを書いておこう。

*エマージェンシー・ブランケット：うすい素材で作られた防風・防寒用の防水シート。

地域をこえて助け合う除雪作業

新潟県 除雪ボランティア「スコップ」

お年寄りの家のまわりの雪かきをするボランティア。

スキルアップ講習会で、屋根の雪下ろしの技術を学ぶようす。

「スコップ」は、新潟県が運営している除雪ボランティアの団体で、新潟県だけでなく全国からボランティアを募集しています。「スコップ」の活動は、市町村から依頼された緊急の除雪作業と、あらかじめ決めた計画に沿った除雪作業です。計画的な活動は、地元の人との交流会もかねて、おもに週末に1泊2日で行っています。地元の人が、ボランティアにスコップの持ち方やスノーダンプ*の使い方などを教えてくれるので、初心者でも安全に参加することができます。

「スコップ」で行うおもな除雪作業は、家のまわりや、道路までの雪を取りのぞくことです。屋根の雪下ろしは、県や、NPOが運営している「越後雪かき道場」などの講習を受けた、中級以上の修了者が、アンカー（命綱を屋根に固定する金具）を設置している家で、安全帯やヘルメットをつけて作業ができる場合に限ります。「スコップ」では、越後雪かき道場から講師をよんで、技術を学ぶ「スキルアップ講習会」も行っています。

地元の人からは感謝の声が、参加者からは今後も除雪ボランティアを続けていきたいなどの声が多く聞かれます。「スコップ」では、お年寄りの家の除雪作業を手伝うだけでなく、除雪作業を通して、参加者に大雪が降る地域の被害の状況を理解してもらい、交流を深めていくことを目指して活動を続けています。

＊スノーダンプ：大型のスコップに取っ手がついたもので、雪を押して運ぶ用具。

校内防災放送プロジェクト

兵庫県神戸市立真陽小学校

協力してくれている大学の先生や学生と相談して、放送の内容を決める。

昼休みに放送室で、台本を読み生放送を行う放送委員。

　神戸市立真陽小学校では、毎週月曜日の昼休みに、防災情報を伝える「校内防災放送」が流れます。神戸市は、1995(平成7)年の阪神・淡路大震災で大きな被害を受けました。今後、大きな地震が起こった時にそなえ、放送委員会の5、6年生が、関西大学の先生と学生に協力してもらい、2014(平成26)年の秋から放送を始めました。

　放送の台本は大学生といっしょに作成し、アナウンスは真陽小学校の放送委員が担当します。難しい話をすると低学年がわからなくなり、クイズだけだと高学年があきてしまうので、知識とおもしろさのバランスを考えて、さまざまな形で行っています。小学生探偵がなぞを解くコーナーや、ユーチューバーになりきって防災グッズをしょうかいするコーナー、またラジオドラマなども制作しました。

　そして、学校内だけの活動にするのではなく、防災に取り組んでいる地域の自主防災組織のリーダーや婦人会の役員にも出演してもらいました。地域に出かけ、阪神・淡路大震災の経験者にインタビューをして、しょうかいしたこともあります。2018(平成30)年には「第22回防災まちづくり大賞・消防庁長官賞」を受賞しました。

　「校内防災放送プロジェクト」は2021年で8年目、6年生は次の5、6年生にバトンをわたし、これからも防災のきずなをつないでいきます。

　この本を手に取ってくれた、みなさん！　「防災」は、いつでも、どこでも、だれにとっても大事なことなんだということが、伝わったでしょうか？

　ところでみなさんには、どんな「夢」がありますか。将来、やってみたい仕事とか、かなえてみたい挑戦とか、行ってみたいところ、食べてみたいものなど、どんな「希望」があるでしょうか？

　ここまで学んできた「防災」は、みなさんの「夢」や「希望」を実現するための土台となるものです。災害が起きて、何もなすすべがなかったとしたら、みなさんの「夢」や「希望」は、すぐに吹き飛んでしまう、押し流されてしまうかもしれません。でも、「防災」をすすめておけば、ひとたび中断したとしても、またやりなおすことができるはずです。たとえ被害が出てしまったとしても、そこで心が折れなければ、やがて前を向くことができる。みんなと手をたずさえて歩み出すことができる。そうした力をやしなうことも、「防災」のいとなみのひとつです。

　ここでもうひとつ、考え方を"足し算"しておきましょう。いろいろな取り組みは、かならず「防災」につながります。絵が得意な人は、避難所のかべにすてきな絵をかざってほしいと思います。歌が得意な人は、災害で傷ついた人を歌ではげましてほしいと思います。あそぶことが得意な人は、被災地で不安そうにしている小さい子どもを元気づけてほしいと思います。算数が得意な人は、将来、じょうぶな建物をつくるための計算をしてほしい。国語が得意な人は、将来、災害の教訓をわかりやすく学べるような文章を書いてほしいです。スポーツが得意な人、まんがをかくのが得意な人、動物が好きな人、鉄道が好きな人、歴史が好きな人、外国語を話せる人……、どんなことであっても、「防災」に、関わることができます。みんなが"プラスアルファの発想"で、得意なことを「防災」にもつなげてくれると、世の中が変わります。安全で安心で、すてきな社会になります。

　みんなは、みんなの人生の主役です。だから、もちろん「防災」の主役でもあります。だれかに「防災」をまかせておくのではなくて、自分なりの方法で、プラスアルファでよいので、できるかぎりの取り組みをすすめていきましょう。わたしはこの本を通じて、みなさんの人生のすべてを応援したいと思います。お互いに、力をつくしていきましょう！

関西大学教授　近藤誠司

さくいん

監修 近藤 誠司 （こんどう せいじ）

関西大学社会安全学部安全マネジメント学科教授。1972年愛知県生まれ。京都大学法学部卒業。元NHKのディレクターで、1995年に起こった阪神・淡路大震災では初日から現地取材に入り、以来、災害関連の番組を数多く制作。NHKスペシャル『MEGAQUAKE 巨大地震（第2回）』で内閣総理大臣賞（科学技術映像祭）受賞。大学では、災害情報・防災教育について教えている。令和元年度「ぼうさい甲子園」グランプリ受賞。2019年・2020年には「ジャパン・レジリエンス・アワード（教育機関部門）」で金賞を連続受賞。

装丁・本文デザイン	： 倉科明敏 (T.デザイン室)
表紙・本文イラスト	： おぜきせつこ
説明イラスト・地図	： 坂上暁仁、上薗紀耀介 (オフィス303)
編集制作	： 常松心平、小熊雅子 (オフィス303)
協力	： 古谷成司 (富里市立富里南小学校)
写真	： 朝日新聞社、川崎市社会福祉協議会、神戸市教育委員会、神戸市立真陽小学校、Cynet Photo、スコップ、新潟県、NICHIJO、別府市

これからの防災　身につけよう！ 自助・共助・公助

4 大雪・猛暑

発　行	2022年4月　第1刷
監　修	近藤誠司
発 行 者	千葉 均
編　集	崎山貴弘
発 行 所	株式会社ポプラ社
	〒102-8519　東京都千代田区麹町4-2-6
	ホームページ　www.poplar.co.jp （ポプラ社）
	kodomottolab.poplar.co.jp （こどもっとラボ）
印刷・製本	図書印刷株式会社

落丁・乱丁本はお取り替えいたします。
電話 (0120-666-553) または、ホームページ (www.poplar.co.jp) のお問い合わせ一覧よりご連絡ください。
※電話の受付時間は、月〜金曜日10時〜17時です (祝日・休日は除く)。

Printed in Japan　ISBN978-4-591-17282-7 / N.D.C. 369 / 47P / 27cm
©POPLAR Publishing Co.,Ltd. 2022
P7228004

全4巻

これからの防災

\\ 身につけよう！ 自助・共助・公助 //

監修：近藤誠司（関西大学教授）

1　地震・津波

2　台風・大雨

3　火山・雷・竜巻

4　大雪・猛暑

- 小学校中学年以上向き
- オールカラー
- AB判
- 各47ページ
- セットN.D.C.369
- 図書館用特別堅牢製本図書

防災学習チェックシートをつけよう

※このページはコピーをして使ってください。

42〜43ページの
例を参考に
防災学習チェックシートを
つけてみよう！

年 _____ 組

名前 _____

★家族との連絡方法

当てはまるものの □ に ✔ をつけましょう。
決めたことを ◯ に書いておきましょう。

□ 家族が集合する場所や時刻を
決めている

場所
時刻

□ 家に伝言を残す時、どこに
メモをはるか決めている

場所

□ 災害用伝言サービスに登録する
電話番号を家族に知らせている

電話番号

□ 連絡がつかない時に伝言をたのむ
親せきや知り合いを決めている

相手
電話番号

ほかに家族で決めたことを書きましょう